Des Mots en Mosaïque

Des Mots en Mosaïque

Brigitte Vivien

© 2022 Brigitte Vivien

Édition : BoD-Books on Demand
12-14 rond-point des Champs-Élysées, 75008 Paris
Impression : BoD Books on Demand, Norderstedt, Allemagne

ISBN : 978-2-3223-9885-0
Dépôt légal : janvier 2022

Loi n°49-956 du 16 juillet 1949 sur les publications destinées à la jeunesse, modifiée par la loi n°2011-525 du 17 mai 2011.

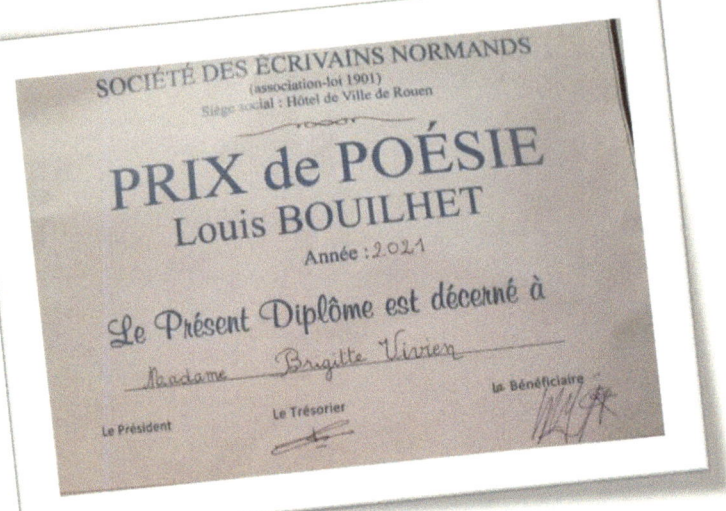

Professeure ayant enseigné Lettres et Art, Auteure de romans, de nouvelles policières et thrillers, Brigitte Vivien aime jouer avec les mots et les images.

Elle a reçu le Premier Prix de la Nouvelle en 2020 au Salon de Villers sur Mer pour " Perle de Cuivre, petite Mursi ", nouvelle extraite de son livre **" Tu seras Belle, ma fille ".**
Le Prix de Poésie Louis Bouilhet fut remis le 2 Octobre 2021 à Cany-Barville.

La poésie est pour l'auteure, un champ d'exploration infini où elle décline ainsi un florilège de pensées multicolores en une mosaïque.

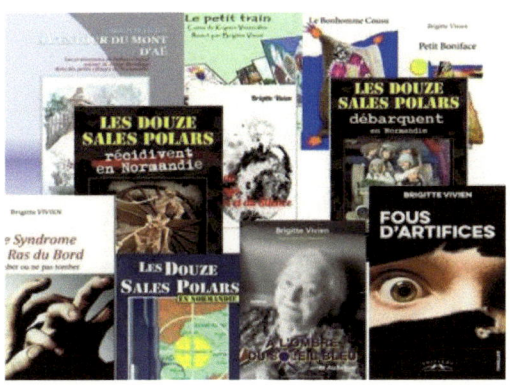

À tous mes proches, mes amis, poètes, auteurs, artistes
qui ont encore dans le cœur
une petite musique intérieure…

Mosaïque

Sur une moquette,

Brigitte a mis des mots,

Mouvants, morts et changeants

Comme un pavage inouï

De tesselles élimées

Ou de feuillets froissés.

Elle les a disposés

Pour chasser tous les maux

Du cœur et de l'esprit.

Petits peuples du monde

Marbrés et démembrés,

Collés sur la carpette,

En des milliers de miettes

Qui maugréent et maudissent

L'écrivaine vilaine

Pour ses mots mordorés,

Imprimés sur papier,

En une mosaïque.

À Pauline,

Voici les sages conseils d'une douce amie

Que, toi, ado de quinze ans devrais recevoir.

Perdue dans ta détresse et lasse de ta vie,

Tu nies ta jeunesse et soupires dans le noir.

Quitte ton écran bleu et oublie tes blessures,

Cherche des tentations inspirées par les arts :

Chant, musique et danse, théâtre et littérature

Ou d'autres violons d'Ingres comme de doux nectars.

Très souvent, tu aspires à des solutions faciles,

Sans estime de toi, tu as peur du futur,

Il te faut grandir, or, tu te sens trop fragile.

Mais ton apprentissage est un temps de clôture

Qui te fera mûrir et savoir qui tu es

Lorsqu'à l'indécis, la confiance répondra,

Alors belles aspirations et grands projets

T'épanouiront et te feront crier Yalla !

NB : Yalla, est un mot arabe et de "toutes les langues".
C'était l'expression favorite de Sœur Emmanuelle.
Elle signifie selon ses mots :
" Allez va, cours, travaille,
fais quelque chose de ta vie"...

Ce temps qui ne passe pas !

Le temps passé est très pressé

Le temps présent traine des pieds.

Où sont donc les belles années,

Qui célébraient la liberté ?

C'est dès lors, écouter et lire.

Boire, manger, dormir, écrire.

Attendre encore sans sourire,

Pour qui est vieux, déjà mourir.

Tchatcher sur les réseaux, de rien,

De tout et croire au magicien

Qui nous fera le plus grand bien,

Quand sera prêt le grand vaccin.

Ce temps hostile ne bouge pas,

Comme figé dans ses frimas.

On entend Abracadabra

Proclamé par tous les médias.

Le bon vieux temps est révolu,

Ce temps nouveau n'écoute plus

Car, de bon sens, est dépourvu,

Mais riche de gros corrompus.

D'êtres cupides et hypocrites,

De vrais véreux en visite,

De faux « Hippocrate » en orbite,

Aimant l'autosatisfecit.

Tant que l'on rit, voyage et chante,

Tant que l'on danse sur scène brillante,

Tant que la muse sera soignante,

L'idée du temps n'est pas prégnante.

Ce temps est passé par ici,

Or, de guerre lasse démenti,

Il sera jeté aux oublis,

Des moments tristes et pervertis.

Il repassera donc par-là,

Rayonnant de tous ses éclats,

Libre et vibrant sans omerta,

Ce sera fête à l'opéra !

Chez eux, un rien, c'est tout, quand on n'a rien du tout.

Chez moi, le soleil donne
Les abeilles bourdonnent.

C'est toujours le printemps
Partout au cœur des champs.

Chez moi, on s'plaint, on crie,
On a tout de la vie,
Plein d'amis Facebook
Qui aiment selfie et look.

Chez moi, on mange, on boit
On consomme à pleins doigts
On cherche le bonheur
Dans toutes les saveurs.

Chez moi, je ferais mieux
De vivre le chez eux,
D'oublier de compter
Ce qui manque, ce que j'ai.

Chez eux, un rien, c'est tout, quand on n'a rien du tout.

Chez eux, l'hiver est là
Sans neige et sans frimas.
Le froid nait de la peur
De perdre des couleurs.

Chez eux, pas de réseaux
Tout juste un verre d'eau
Pour éponger l'envie
De quitter les jours gris.

Chez eux, on fait la fête
En famille, on s'apprête
De tissus colorés
Sur musique reggae.

Chez eux, un rien, c'est tout
Quand on n'a rien du tout.
Un rayon de soleil
Et le monde est merveille.

COURAGE

Le mot sonne comme Cœur et Rage.

Le courage ne peut être que bon

Puisqu'on met du cœur et de la rage

À l'ouvrage.

Faut-il ajouter bon pour faire « bon courage » ?

N'est-ce pas un pléonasme ?

Procédé d'insistance ?

Expression superfétatoire ?

Autant comme le terme « Courage »

Est positif,

Souhaiter « Bon courage »

Suppose une tâche ingrate à accomplir,

Un mauvais moment à passer,

Une épreuve à franchir,

Des calamités à éviter…

Alors, je vous souhaite

Bon courage…

Dans la ville

Dans la ville de tout,
Tom vit seul sans le sou.
Sans ami, sans travail,
C'est perdre la bataille.
Dans la ville de Caen,
Tom a perdu ses gants.
Il a cherché partout,
Du sol aux petits trous.
Dans la ville de Lyon,
Il a fait abstraction
Des gantés, des masqués
Qui semblaient l'agresser.
Dans la ville d'Honfleur,
Les gens lui faisaient peur.
Puis, dans la ville d'Asque,
Il a ôté son masque,

Pour pouvoir respirer
La montagne à l'air frais
Il voulait être libre,
Et se sentir revivre.
Un agent lui a dit :
Ah ! Vous serez puni,
D'une très grosse amende,
Une vraie réprimande.
Allez danser chez vous !
Dans la ville des fous,
Ceux qui nient le diktat,
Refusent l'automate.

Dans la ville de rien,
Dès lors, Tom vit très bien !

Le désir de vivre

Douce envie de grandir au soleil des beaux rêves

Comme un don du désir au seuil des douces lèvres.

Nulle vie sans eau fraîche pour aimer et partir

Sur les chemins où prêche poésie du plaisir.

Vivre, vivre la vie, sans peur des lendemains

Croquer les calories, vivre joyeux et sain.

Vivre avec appétit, avec le goût des autres

Et dévorer d'envie sans crainte de la faute.

Vivre à cent à l'heure ou profiter du temps

Qui tisse la tiédeur inlassablement.

Avec esprit et corps, quelle joie d'exister

Contre maux et mortel au festin invité.

Vivre sans artifices, loin des masques et sans peine

À l'abri des cannisses, ignorant de la haine,

Le désir est vivant, il aime les éclats

Tous les jeux des enfants, le rythme des salsas.
Au cœur de la liesse de cet étonnement
Que l'aube manifeste comme un enchantement,
Nait ce désir d'aimer chaque nuit, chaque jour,
Chavirent au vent salé tous les coups de l'amour.
Vrai désir de la vie à jamais ode et chant
N'a de cesse que tari pour se taire un instant.
Mais il revient glorieux, affamé de soleil,
Etonné et heureux, assoiffé de merveilles.

Désir d'évasion

Curieusement dubitatif et sourd

Est son esprit en ce printemps si lourd.

Profondément sceptique et incrédule

Est son avis des fake news qui circulent.

Etonnamment joyeuse et épanouie

Est sa pensée à toute heure qui sourit.

Volontairement volage et lunaire

Est son vœu de s'envoler dans les airs.

Artistiquement auteure et poète

Est sa vision aux multiples facettes.

Naturellement libre d'opinion

Est son désir profond d'évasion.

Hélas, demain, déjà la rentrée !

Je veux glisser dans mon cartable

Des châteaux de sable

Un cerf-volant, des

coquillages

Et toutes les joies de la plage,

L'herbe des collines, les colères de Papé

Les vagues déchainées et la patience de Mamé

Mais on me dit

Ce n'est pas permis

Et de toute façon, tout ça

Ça ne rentre pas !

Alors j'ai pris quelques couleurs

Et j'ai tout dessiné au milieu d'un cœur.

Ah ! J'oubliais

Comme je ne suis pas raisonnable,

J'ai ajouté quelques grains de sable

Et j'ai piqué deux jolies roses

Ainsi, quand je serai morose,

J'aurai le parfum longtemps

De ce bel été chez mes grands-parents.

Il neige un silence tout blanc,

Et de lourds tourments
Sur la grande ville.
Il neige rires et pleurs
Sur la terre en douleur
Qui cherche le bacille.
Il neige révolte et paix
Dans les pays accablés
Par cette Covid anguille.
Il neige un drôle de printemps
Avec masques et gants
Sous la charmille.
Il neige une danse de papillons
Sur tous les balcons
Rentrés dans leur coquille.

Il neige de la joie

Pour les enfants rois

Bloqués tous en famille.

Il neigera enfin de légers flocons

Comme des tourbillons

Qui feront l'hiver

Un bonhomme tout rond.

Il pleut... Avant il neigeait

Il pleut des cris et des pleurs

Dans le cœur des hommes

Et les champs de fleurs.

Il pleut des larmes de feu

Sur les vastes forêts

Qui brûlent sans adieu.

Il souffle un parfum de peur

Qui menace la terre

D'une étrange douleur.

Il vente des idées noires

Sur la planète bleue

Qui perd tout espoir.

Il grêle des pluies de virus

Dans les bouches et dans les airs

Sombres et cruels cactus.

Il flotte des mots et des maux

Dans les rues et dans les airs

Par monts et par vaux.

Il gronde des voix masquées

Par les ondes impérieuses

Qui noient lumière et vérité.

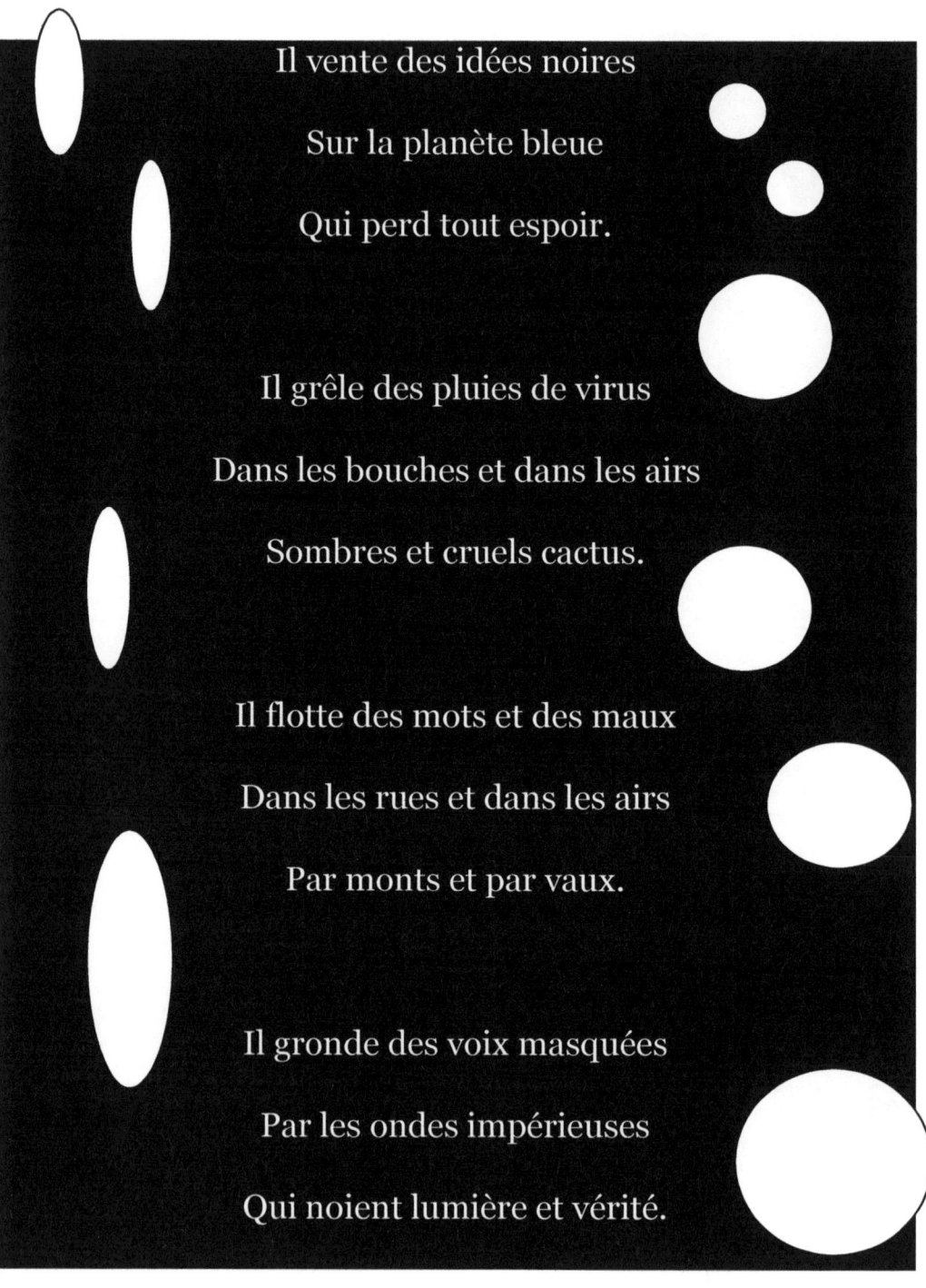

Il tonne des tonnes de diktats

Dans le cœur des hommes

À la vie délicate.

Il foudroie de violents éclairs

Sur la nature des choses

Et toute la biosphère.

Avant il neigeait un silence tout blanc,

De légers flocons,

Sur la petite maison.

Il neigeait une danse de papillons,

Comme des tourbillons.

Il neigeait de la joie,

Pour tous les enfants

Qui faisaient l'hiver,

Un bonhomme tout rond.

L'Absence

Comme une rose qui s'effeuille,
Comme un cours d"eau qui se tarit
Comme une voile sur l'écueil
Qui gronde, tourmente et rugit
Comme le cœur gros qu'on arrache
Comme les noires pensées amères
Qui la torturent à coup de hache
Comme un grand vide sur la terre
À vivre et à mourir d'ennui
Comme une peur du lendemain
Petite mort tout alanguie
Comme le noir dès le matin.
Qui trouble ses sens sans éveil
Comme des sons de l'au-delà
Venus hanter son court sommeil
Des nuits des jours jusque là-bas

Où s'échouent désir et amour
De son navire de souvenirs
Orné de roses pour toujours
Et lesté de pleurs et de rires
Comme sa peine qui s'efface
Comme son chagrin en dormance
Dont sa souffrance perd la trace

Enfin elle renait de l'Absence.

Liberté

L : Comme des ailes volant au vent

Malgré les grandes peurs du moment.

I : Comme un petit point sur un grand mât,

Phare à l'opposé de la doxa.

B : Comme un bateau hissant ses voiles,

Vogue le cœur léger loin du mal.

E : Comme eux qui se sont battus pour elle,

Avec courage et l'âme rebelle.

R : Comme l'air d'un ailleurs qui attire

Femmes et hommes qui souhaitent agir.

T : C'est le temps qu'il faut pour la sauver

Des 6 et des diktats imposés.

É : Pour prendre son élan vers le large,

Et, à tout jamais, tourner la page.

L'orage,

Les pleurs de l'eau, les cris du vent

Grondent au milieu des rochers ;

Ondes et troubles carnassiers

Tourmentent le lit du torrent.

Les elfes cachés dans les haies,

Se lamentent sous la feuillée ;

Les pleurs de l'eau, les cris du vent

Grondent au milieu des rochers.

Les trombes déploient leur tourment

Et les esprits des cieux, des prés,

Tonnent et éclairent la vallée ;

Pluie et feu, partout on entend

Les pleurs de l'eau, les cris du vent.

Offrande

Si tu m'offres la lune et toutes les étoiles,

Le soleil, les palais des mille et une nuits,

De beaux navires blancs et leurs immenses voiles,

Des airs plein la tête et la vie au paradis,

Des séjours de rêve sur les collines d'or

Où glissent des rivières de vermeil et d'argent,

Un feu d'artifices en fête jusqu'aux aurores,

L'azur des calanques et l'éclat des océans,

Si tu m'offres le monde et même l'impossible,

Je te dirai merci pour ces riches idées

Qui sûrement plairont à mon âme sensible,

Aux espoirs et aux joies qui me font tant rêver.

Mais si tu n'as rien d'autre à donner que ton cœur,

Alors les trésors de la mer et de la terre

Feront pâles figures et bien pauvres douceurs

Au regard de ton amour, offrande sincère.

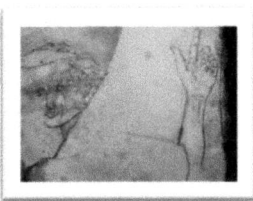 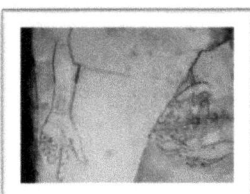

Si je suis

Si je suis un rayon de lune,

Seule en l'azur, au cœur des dunes,

Tu te transformes en mille étoiles pour m'entourer,

Me distraire de chants, de danses et de baisers.

Si je suis la carpe sacrée,

Perdue dans un étang troublé,

Tu te transformes en lac limpide aux eaux cristallines,

Où je joue à mon gré, étincelant comme Ondine.

Si je suis seule au monde et triste,

Pleurant la misère de l'artiste,

Tu te transformes en mécène au sourire si doux

Qu'il ne s'efface de mon visage plus du tout !

Belle  la Bête

De toutes les horreurs, la Bête est la plus laide,

C'est une créature où le démon excelle.

À ces disgrâces, hélas, nul ne sait le remède.

Ni baume ni parfum ou miracle du ciel.

La vision de sa gueule funeste épouvante.

Ses plaintes étranges dans la nuit terrifient.

Pour les vivants, c'est un cauchemar qui les hante,

Même les morts retournent aux ténèbres et la fuient.

Faut-il plaindre ou abhorrer une telle engeance ?

Émue jusqu'aux larmes et seule dans ses errances,

Belle découvre la Bête et la perce à jour.

Ses yeux en la voyant ôte le maudit masque

Et dévoile ainsi le visage de l'Amour,

Qui est bien le thème de ce sonnet fantasque !

Sur la route ensoleillée,

On a mangé Au restaurant « La Pie qui tête »

Au menu, il y avait de la vache qui pète

Des huitres qui baillent   Des tomates à l'ail

Du cochon qui rote   Des escargots qui trottent

Du sanglier qui grogne   Du vin qui cogne

De l'âne qui rue   Du fromage qui pue

Des épices qui grattent   Du caramel qui craque

Avec de la glace à l'escargot

Sur coulis de fromage tout chaud.

Un festival de mets   Que nous avons mélangés

Comme une mosaïque   Vraiment gastronomique !

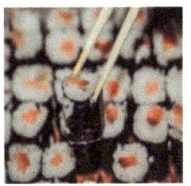

Mode Couleurs

Vivons en mode orange
Dit Belle Clémentine
Qui ressemble à un ange
Devant Sœur Amandine.

Voyons la vie en rose
Clament aussi Ancolie
Et Acacia morose
Vers le Cœur de Marie.

Soyons tous Abricot
Sous l'arbre du Pêcher
Quand on goûte au sirop
Du bon Melon pressé.

Pensons aux teintes rouges
Comme le doux pavot
Qui, au bord du champ bouge
Près du coquelicot.

Habillons-nous de jaune
Crocus Citron Jonquille.
Jasmin d'hiver embaume
L'air frais près de la grille.

Ornons de cédrat blanc
D'amande et de coco
La case noix d'pécan
Et jardin près de l'eau.

Parons de vert Goyave
De Pomme et de Raisin
De Poire et de Papaye
Les allées du chemin.

Pour faire un Art Dadaïste

À la manière de Tristan Tzara,
Mélangez argile, cuivre et schiste,
Prenez un large coutelas,
Tranchez un morceau du tout
Que vous modelez avec vigueur
Mettez-y des coups,
De la passion et du cœur.
Aplatissez ensuite l'objet avec soin,
Découpez de petites amphores,
Mettez-les dans un moule d'airain.
Ajoutez poudre d'argent et paillettes d'or.
Enfournez dans un four bien chaud
Laissez fusionner l'agrégat,
Arrosez d'amour, de sueur et d'eau.
La sculpture vous ressemblera.
Et voilà un ART parfaitement non alimentaire
D'une créativité originale,
Encore qu'incomprise du vulgaire
Sur notre terre hexagonale.

Rupture

Ami, tu connais ce dicton,

De l'arc trop tendu qui se rompt !

Le frêle roseau le savait

Plutôt que de rompre, plier.

De la brisure du silence,

Qui s'ébruite comme une danse,

Des cris, du mystère et des maux,

Jaillit tout à coup la beauté.

Folle fracture, c'est tragédie,

Douce cassure, c'est comédie.

Du drame vient souvent cet art

Dont la rupture est l'avatar.

Vous connaissez

Le Chatonnerre,

Cet animal  affectueux qui lance des éclairs ?

Il a pris le Carcaval,

Le bus qui va fêter le carnaval

Avec le Boallumette,

Vous savez bien, le serpent qui crache le feu.

Ils ont rencontré l'Otarire,

Une otarie comique

Et la Têtartine,

La petite grenouille qui prépare le petit-déjeuner.

Certains ont sorti leur Stylophone,

Pour écrire en téléphonant,

D'autres ont pris leur Styleau,

Pour prendre des notes sous l'eau.

Au cours de leur voyage,

ils ont tous fredonné des Chantsons,

De drôles de sons qui chantent.

Abracadabra

Abracadabra ! ahana le rat
qui dérapa sur la rambarde,
rata la rampe,
se cassa le bras.
Ibricidibri ! dit le colibri,
libre en livrée qui brille mais,
le col coincé dans un colis livré brisé,
atterrit sous le lit.
Obrocodobro ! colporte le gros crapaud
qui crapahute là-haut
et crache l'eau du broc.
Ubrucudubru ! murmure l'hurluberlu
urubu tout nu,
perdu sous ses trucs à plumes.
Ébrécédébré ! jacassait la caille des blés,
blessée sous le cèdre
qui a cédé.
Oubroucoudoubrou ! hé ! vous,
trouvez-vous drôle ce coucou courageux,
dactylo qui roucoule ?
Abracadabra !
C'est n'importe quoi !

Spleen de la Covidose

Covidose, déchainée contre le monde entier,

De ses germes à grand frais crée un conflit honteux

Entre les uns stressés, les autres insensés

Anti-vax, vaccinés, complotistes ou peureux.

L'ouvrier, sur le carreau, recherchant de l'air,

Discret, relève son masque FFP2

Son âme, un court instant, jaillit dans la lumière

C'est le visage éteint d'un homme malheureux.

Le monde se lamente et la terre enflammée

S'étripe et se vend dans un courant d'air vicié,

Cependant qu'en haut lieu, dans les sphères de l'argent,

Labos et politiques, troubadours du business,

Réunis en leur cour où ils prêchent la messe,

Chantent tous en chœur le requiem, en riant !

Baie d'Halong

J'ai vu Halong, le dragon de la mer,

Ses milliers de bosses et d'ilots calcaire,

J'ai senti son souffle me bercer les nuits

Sur ma vieille jonque hélas blanchie.

De Tête d'homme à l'île de la Théière,

Du Coq de combat vers le Chien de pierre,

En sampans, de lagons en grottes étranges,

Des enfants me sourient comme des anges.

Aux frais lotus de l'été

Quelques orchidées se mêlent,

Au fond de la baie dorée,

Où volent des poissons sans ailes,

Où plongent des pêcheurs de perles

Près des ilots de l'archipel.

J'ai écouté des histoires, des légendes

Emergées de la brume fascinante.

Un jour, Jaan-Lennart, je t'emmènerai

Sur les rivages du Dragon de la Baie.

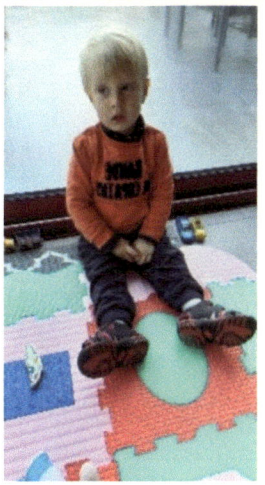

Comment remercier pour un prix littéraire ?

Surtout lorsqu'il s'agit d'un prix de poésie.
Comment résister au plaisir de faire des vers,
Si futiles soient-ils plutôt que de se taire ?
Alors, s'il fallait paraphraser Louis Bouilhet,
Que mes petits et vilains pieds soient excusés !
Voyez ce grand merci d'une certaine auteure,
Si petite en ce lieu, en ce jour, à cette heure.
Je commencerai par vous donner cet indice
Au travers du deuxième chant de Mélaénis :
Aux jardins de Cany, non loin du cours Durdent,
Parfois une frêle plante au look automnal,
Se dresse ; chaque feuille s'étire haut dans la salle,
De degrés en degrés, autour d'elle foisonnant.
Et sur mon front ridé, ainsi qu'un vieux roman,
Perlent de belles pensées et danse la spirale
Qui enlace, qui enroule de mots en Mosaïque
Qui sont là pour donner une pêche atomique !

CHANT DEUXIÈME

Aux jardins de César, non loin du Tibre jaune,
Parfois un chêne antique aux beaux feuillages verts
Se dresse ; chaque branche, escaladant les airs,
De degrés en degrés autour de lui frissonne,
Et sur son front superbe, ainsi qu'une couronne,
Tremblent les astres d'or et glissent les éclairs.

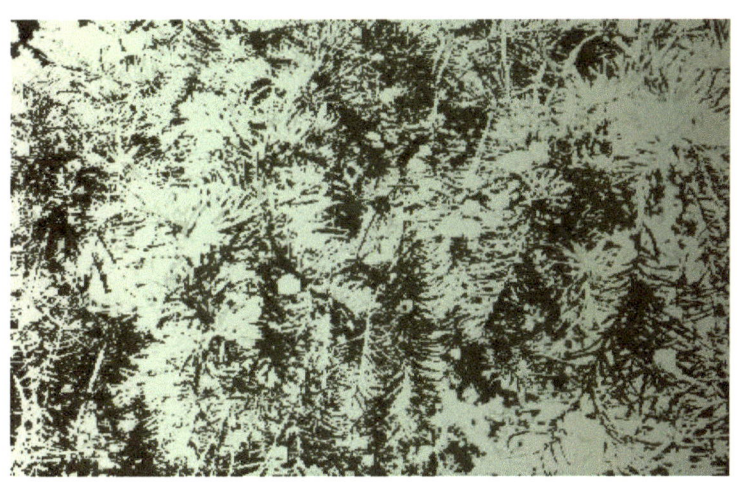

FIN

...

Mais ce n'est jamais fini !